INSTRUCTION SOMMAIRE

SUR LE

CRÉDIT FONCIER DE FRANCE

PUBLIÉE

Avec le concours et l'autorisation du Crédit Foncier

PAR M. JULES DUVAL.

Les Prêts.
Les Obligations Foncières.
Les Dépôts de Capitaux.
Le Drainage.

PARIS

A LA LIBRAIRIE INTERNATIONALE
DE L'AGRICULTURE ET DE LA COLONISATION
RUE DE RICHELIEU, 110.

Juin 1858.

TYPOGRAPHIE HENNUYER, RUE DU BOULEVARD, 7, BATIGNOLLES.
(Boulevard extérieur de Paris.)

CRÉDIT FONCIER DE FRANCE.

Gouverneur :

M. L. FRÉMY (O. ✠), Conseiller d'Etat en service extraordinaire.

Sous-Gouverneurs :

MM. CRÉPY (✠).

DAVERNE (✠), Maître des requêtes en service extraordinaire.

Administrateurs :

MM. BANÈS (✠), ancien Directeur de la Compagnie du chemin de fer de Paris à Orléans.

BARTHOLONY (Fois) (✠), Président de la Compagnie du chemin de fer de Paris à Orléans.

Comte BENOIST D'AZY (✠), ancien Représentant.

Comte BRANICKI (Xavier).

DAILLY (✠), Maître de poste à Paris.

DARBLAY aîné (O. ✠), ancien Député.

DUMAS (G. ✠), Sénateur, membre de l'Institut, ancien Ministre de l'agriculture et du comm.

FIRINO (O. ✠), ancien Receveur général des Bouches-du-Rhône.

FONTENILLIAT (O. ✠), Receveur général des finances de la Gironde, Régent de la Banque de France.

MM. GUILHEM (O. ✠), Receveur général des finances du Nord, Régent de la Banque de France.

HAILIG (✠), ancien Président de la Chambre des notaires de Paris.

HÉLY-D'OISSEL (✠), ancien Conseiller d'Etat.

DE NERVILLE (O. ✠), ancien Receveur général des finances, Régent de la Banque de France.

PEREIRE (Emile) (O. ✠), Président de la Compagnie des chemins de fer du Midi.

BARON PÉRIGNON (✠), ancien Conseiller d'Etat.

DE RAINNEVILLE (✠), ancien Conseiller d'Etat.

PRINCE SAPIEHA.

THIBAULT, ancien Notaire à Paris.

WEST (✠), ancien Président de la Compagnie du chemin de fer de Strasbourg à Bâle.

WOLOWSKI (O. ✠), membre de l'Institut, ancien Représentant, Professeur de législation industrielle au Conservatoire des arts et métiers.

Censeurs :

MM. COTELLE (O. ✠), Notaire honoraire.

DARBLAY jeune (✠), Député au Corps législatif.

PARAVEY (✠), ancien Conseiller d'Etat.

Siége de la Société, à Paris, dans son Hôtel, rue Neuve-des-Capucines, 19.

INSTRUCTION SOMMAIRE

SUR LE

CRÉDIT FONCIER DE FRANCE.

---

1. Le Crédit foncier de France est une institution créée par le Gouvernement, sous forme de Société anonyme, pour aider les propriétaires d'immeubles à se procurer les capitaux dont ils ont besoin.

2. Dans ce but il leur consent des prêts et leur livre, en échange de leurs engagements notariés, ses propres *Obligations* ou *Lettres de gage*, d'une solidité incontestée et d'une négociation facile.

3. Le Crédit foncier est aussi autorisé à recevoir, avec ou sans intérêt, des capitaux en dépôt.

4. Il est enfin substitué à l'Etat, pour l'exécution de la loi sur le Drainage.

5. De là, quatre ordres d'opérations bien distinctes :

I. *Les Prêts.*
II. *Les Obligations.*
III. *Les Dépôts.*
IV. *Le Drainage.*

PREMIÈRE PARTIE.

LES PRÊTS.

6. Les prêts consentis par le CRÉDIT FONCIER sont de deux sortes : 1° les uns à long terme, remboursables par annuités qui amortissent le capital; 2° les autres à court terme, remboursables en capital à l'échéance, sans amortissement. Les premiers furent l'objet primitif et constituent encore l'objet essentiel de la Société ; les seconds ont été ultérieurement introduits.

§ I.

Prêts à long terme avec amortissement.

7. Les caractères et avantages constitutifs de ces prêts sont nombreux et importants. Tels sont :

8. *a. La libération par des annuités* dont une part, consacrée à l'amortissement, éteint la dette progressivement, par la capitalisation des intérêts, au moyen d'une somme de beaucoup inférieure à celle empruntée ;

9. *b. Le choix d'une période* entre 10 et 60 ans, pour la durée du prêt, et par suite le choix de l'annuité à payer d'après des tables dressées d'avance. Cette durée se trouve néanmoins subor-

donnée à la période stipulée pour le remboursement des Obligations, lors de chaque émission d'emprunt (*V.* n° 42) ;

10. *c. La faculté de rembourser* à toute époque, en entier ou par portions, le capital emprunté, à la charge d'une légère indemnité (*V.* n°s 65 et suiv.) ;

11. *d. La suppression des frais de renouvellement* du contrat primitif, qui aggravent les charges des emprunts ordinaires dans une proportion sérieuse ;

12. *e. La non-exigibilité du capital*, moyennant l'exécution régulière des engagements contractés et le maintien des garanties stipulées (*V.* n°s 70 et suiv.).

13. Un tel système substitue, à la menace d'une exigibilité fatale et prochaine, un engagement à long terme, dont le débiteur peut réduire à son gré la durée : ainsi les emprunteurs sont affranchis du plus grave souci et les familles de la plus lourde charge des patrimoines.

14. En outre, par la capitalisation de faibles versements laquelle s'opère au profit de l'emprunteur, sans qu'il ait à s'en occuper, le Crédit foncier remplit envers les propriétaires le rôle d'une caisse d'épargnes, réserve féconde de toutes les rentrées.

§ II.

Prêts à court terme sans amortissement.

15. L'emprunteur juge-t-il qu'une libération en bloc lui sera possible au jour de l'échéance du contrat, dans une période moindre de dix ans, la Société a la faculté de lui prêter sans amortissement.

16. Ce genre de prêt convient particulièrement aux propriétaires dont les immeubles ne donnent point de revenus certains et durables, et qui ne peuvent dès lors obtenir un prêt à long terme avec amortissement. Tels sont les terrains nus destinés à des constructions. Le capital, emprunté sur un tel gage, devant être spécialement consacré à y élever des édifices, met cette sorte de propriété dans des conditions qui permettent, au besoin, à l'échéance du prêt à court terme, de lui faire succéder un prêt à long terme, ce qui rentre plus spécialement dans le but du Crédit foncier.

17. Les prêts à court terme sont, quant à l'instruction de la demande, à l'appréciation du gage, et aux formes du contrat, soumis aux règles des prêts notariés ordinaires.

18. Aussi les explications qui suivent ne s'ap-

pliquent-elles qu'aux contrats de la première espèce, remboursables par annuités, et représentés par des Obligations foncières.

§ III.

Rôle des Obligations foncières.

19. En délivrant aux propriétaires des titres authentiques, investis de la confiance publique, cotés et négociables à la Bourse, tels que les Obligations foncières, le taux réel de l'intérêt, au lieu d'être arbitrairement fixé par la Société, se trouve déterminé par le prix auquel les Obligations sont négociées, et il a pour régulateur le cours officiel de la Bourse, ce grand et libre marché des capitaux.

20. L'emprunteur est ainsi placé dans les mêmes conditions que les grandes Compagnies industrielles et l'État lui-même qui, livrant des obligations ou des rentes à un taux inférieur à leur valeur nominale, supportent en fait un intérêt plus ou moins élevé, selon la situation du marché.

21. Par l'intervention d'une puissante Compagnie, ayant droit d'émettre des Obligations proportionnellement aux engagements hypothécaires contractés en sa faveur, les ressources mises

à la disposition de la propriété immobilière s'élèvent toujours au niveau de ses besoins. Ainsi deviennent possibles les grandes opérations de défrichement, de dessèchement, de drainage, d'irrigation, de reboisement, etc., trop souvent inabordables aux forces individuelles.

22. Grâce à cette intervention le crédit privé s'élève à la hauteur du crédit public, car les garanties personnelles se fortifient et s'accroissent de la garantie d'une grande institution.

23. La propriété immobilière, sans cesser d'être la plus solide des richesses, participe à son tour à la facile négociation de ses titres de crédit, privilége réservé jusqu'alors à la propriété mobilière.

§ IV.

Demandes d'emprunt.

24. Les demandes d'emprunt peuvent être adressées, soit à M. le gouverneur du Crédit foncier, à Paris, soit à MM. les receveurs généraux et particuliers des finances, qui sont, dans chaque département et arrondissement, les représentants officiels de la Société.— Toute demande doit indiquer le notaire avec qui la Société devra correspondre pour l'instruction de l'affaire. — Elle doit être accompagnée de toutes les pièces et

justifications énumérées dans les formules imprimées pour modèle, et notamment des titres établissant la propriété depuis trente ans au moins.

25. La Société n'accepte pour gages que des propriétés immobilières d'un revenu certain et durable, telles que terres, maisons, etc.

26. Ne sont pas acceptés : 1° les théâtres ; 2° les mines et carrières; 3° les immeubles indivis, si l'hypothèque n'est établie sur la totalité des immeubles du consentement de tous les intéressés ; 4° les immeubles dont l'usufruit et la nue propriété ne sont pas réunis, à moins que tous les ayants droit ne consentent l'hypothèque.

27. S'il y a lieu à l'expertise des immeubles offerts en gage, elle est faite par les agents de la Société, après consignation préalable des frais, évalués en raison, tant de l'importance des immeubles que de leur éloignement. Le rapport des experts est un document confidentiel dont l'emprunteur ne peut exiger la remise ni même la communication.

28. Si, après examen, la demande est rejetée, avis en est donné au signataire, qui est invité à retirer ses pièces contre le remboursement des frais. La somme qui reste disponible sur la consignation lui est remboursée.

29. Si la demande est accueillie, les conditions du prêt sont réglées dans un acte conditionnel, qui précède la rédaction de l'acte définitif. — L'emprunteur a le choix du notaire, qui doit rester dépositaire de la minute.

§ V.

Conditions des prêts.

30. Le montant du prêt ne peut dépasser la moitié de la valeur de l'immeuble hypothéqué à la créance. Il est au plus du tiers de la valeur pour les vignes, bois et autres propriétés dont le revenu provient de plantations.

Les bâtiments des usines et fabriques ne sont estimés qu'en raison de leur valeur propre, indépendamment de leur affectation industrielle.

31. Le prêt est calculé en outre de façon que l'annuité à payer ne soit pas supérieure au revenu annuel de la propriété.

32. Le maximum des prêts consentis à un seul emprunteur ne peut dépasser un million, à moins qu'il ne s'agisse d'associations syndicales, de sociétés anonymes, de communes et de départements autorisés à cet effet par le Gouvernement.

33. Le minimum des prêts de la Société est de 300 francs.

§ VI.

Hypothèques.

34. Le CRÉDIT FONCIER ne prête que sur première hypothèque, sauf les exceptions autorisées par une loi.

35. Sont considérés comme faits sur première hypothèque les prêts au moyen desquels doivent être remboursées des créances déjà inscrites, lorsque, par l'effet de ce remboursement, l'hypothèque de la Société vient en première ligne et sans concurrence.

36. S'il y a un terme stipulé pour le payement des créances inscrites, la Société peut encore prêter en conservant devers elle des valeurs suffisantes pour opérer le remboursement à l'échéance.

37. Si l'immeuble est grevé d'inscriptions prises pour garantie d'éviction ou pour sûreté de rentes viagères, le prêt peut avoir lieu pourvu que, réuni aux créances inscrites, il n'excède pas la moitié de la valeur de l'immeuble, ou le tiers s'il s'agit de bois, de vignes et autres propriétés dont les revenus proviennent de plantations.

38. La purge des hypothèques légales est un droit accordé au Crédit foncier pour assurer la solidité de ses opérations, droit qui n'est exercé qu'après la signature de l'acte conditionnel. L'application en est facultative au gré de la Société, et s'opère suivant les règles tracées par le décret du 28 février 1852 et la loi du 10 juin 1853.

39. Si, dans les délais de droit, il y a inscription d'hypothèque légale, ou s'il se révèle d'autres droits réels, grevant les biens hypothéqués, de telle sorte que l'hypothèque de la Société ne vienne psa en première ligne et sans concurrence, et que l'emprunteur ne puisse en procurer la mainlevée, le contrat conditionnel est annulé par une simple déclaration de la Société, dans un acte signé seulement par le gouverneur du Crédit foncier ou son représentant. Le même acte donne mainlevée de l'inscription prise au profit de la Société, si tous les frais faits et à faire ont été acquittés.

40. S'il ne survient aucune inscription d'hypothèque légale, ni révélation de droits réels, comme il est dit à l'article précédent, la purge est opérée au profit de la Société; la priorité sur les hypothèques légales est acquise à l'hypothèque du Credit foncier, qui prend rang du jour de

l'inscription, quelle que soit la date de la réalisation du prêt (*V.* art. 4 de la loi du 8 juin 1853).

§ VII.

Réalisation.

41. Après ces formalités accomplies, le prêt se réalise par-devant notaire par un contrat définitif, signé de la Société et de l'emprunteur. Cet acte confirme toutes les conventions réglées par l'acte conditionnel. Il énonce l'accomplissement des formalités, avec le résultat de la purge et la situation hypothécaire, la quotité et le point de départ des annuités, la remise des valeurs.

42. Ces valeurs ne sont plus des espèces ou numéraire, comme au début de l'institution : la confiance qu'elle a obtenue lui permet aujourd'hui de réaliser les prêts en *Obligations foncières* ou *Lettres de gage*, titres créés et émis par la Société.

43. Il y en a de deux espèces : les unes sans lots, les autres avec lots (*V.* IIe partie, nos 102 et suiv.).

44. Les Obligations sans lots portent intérêt à 5 %, et sont délivrées en réalisation des prêts

stipulés à 5 % d'intérêt. — Les obligations avec lots portent intérêt à 4 %, et répondent aux prêts stipulés à 4,51 % d'intérêt. La différence entre ces deux derniers taux (4 % et 4,51 %) représente la valeur des lots.

45. La durée des prêts en Obligations ne peut dépasser celle fixée pour l'amortissement de ces mêmes Obligations, savoir :

Pour les Obligations sans lots, 50 ans, à partir du 1er novembre 1856 ;

Pour les Obligations avec lots, 50 ans, à partir du 1er mai 1854.

46. La Société se fait un devoir de venir en aide aux emprunteurs, après la conclusion des prêts, pour le placement des Obligations qui leur ont été remises.

47. L'emprunteur paye tous les frais de l'instruction et du contrat conditionnel, même en cas de non-réalisation. Ce contrat n'est soumis qu'à un droit fixe d'enregistrement de 2 fr. 20 c. Le droit proportionnel n'est perçu que sur l'acte définitif. Outre les frais de réalisation, l'emprunteur supporte ceux de l'envoi des valeurs, s'il y a lieu, de Paris au lieu de rédaction de l'acte.

§ VIII.

Annuités.

48. L'annuité que l'emprunteur s'engage à payer au CRÉDIT FONCIER représente la charge qui grève la Société elle-même envers les capitalistes porteurs de ses titres, tant pour l'intérêt que pour l'amortissement et pour la valeur des lots.

49. L'annuité comprend en outre, au profit de la Société, pour droits de commission et frais d'administration, une allocation qui ne peut excéder 60 centimes par 100 francs de capital.

50. Les annuités sont payables en espèces par moitié, de semestre en semestre, le 31 janvier et le 31 juillet.

51. En principe elle doivent être payées à Paris, mais la Société admet le débiteur à les payer aux caisses des recettes générales et particulières, à la condition que l'échéance soit devancée de vingt jours.

52. L'emprunteur peut payer une ou plusieurs annuités d'avance.

53. Pour ramener toutes les échéances au 31 janvier et au 31 juillet, dates où commence l'amortissement, la Société retient sur le capi-

tal, lors de la réalisation, les intérêts et le droit de commission à courir jusqu'à la prochaine échéance.

54. Tout semestre non payé à l'échéance (ou versé moins de vingt jours auparavant, s'il s'agit d'un payement fait dans les départements), porte intérêt de plein droit et sans mise en demeure, au profit de la Société, sur le pied de 5 % par an.

55. Il en est de même des frais de poursuite liquidés ou taxés, qu'est obligée de faire la Société pour le recouvrement de sa créance et généralement de toutes avances faites par elle, notamment pour primes d'assurances.

56. Les tableaux ci-après établissent le chiffre de l'annuité, d'après le taux de l'intérêt combiné avec la durée du prêt.

57. PRÊTS EN OBLIGATIONS A 5 %.

Taux de l'annuité sur 100 francs

à 5 % d'intérêt.

DURÉE du PRÊT.	ANNUITÉS payables par moitié et PAR SEMESTRE.	DURÉE du PRÊT.	ANNUITÉS payables par moitié et PAR SEMESTRE.
Années.		Années.	
10	13f 42c 94 26	31	6f 98c 02 52
11	12.52.93 20	32	6.89.64 98
12	11.78.25 64	33	6.81.87 98
13	11.15.37 50	34	6.74.66 02
14	10.61.75 86	35	6.67.94 24
15	10.15.55 28	36	6.61.68 34
16	9.75.36 62	37	6.55.84 46
17	9.40.13 50	38	6.50.39 12
18	9.09.03 16	39	6.45.29 28
19	8.81.40 24	40	6.40.52 10
20	8.56.72 48	41	6.36.05 10
21	8.34.57 52	42	6.31.85 96
22	8.14.60 74	43	6.27.92 66
23	7.96.53 52	44	6.24.23 32
24	7.80.12 00	45	6.20.76 18
25	7.65.16 12	46	6.17.49 74
26	7.51.48 94	47	6.14.42 52
27	7.38.95 98	48	6.11.53 24
28	7.27.44 86	49	6.08.80 70
29	7.16.84 90	50	6.06.00 00
30	7.07.06 80	60	5.87.00 00

58. PRÊTS EN OBLIGATIONS A 4 °/o AVEC LOTS.

Taux de l'annuité sur **100** *francs*

à 4,51 °/o d'intérêt.

DURÉE du PRÊT.	ANNUITÉS payables par moitié et PAR SEMESTRE.	DURÉE du PRÊT.	ANNUITÉS payables par moitié et PAR SEMESTRE.
Années.		Années.	
10	13f 13c 43 84	31	6f 62c 08 24
11	12.23.16 64	32	6.53.41 14
12	11.48.21 28	33	6 45.34 90
13	10.85.04 04	34	6.37.84 08
14	10.31.12 46	35	6.30.83 80
15	9.84.61 22	36	6.24.29 76
16	9.44.11 46	37	6.18.18 12
17	9.08.56 88	38	6.12.45 44
18	8.77.14 80	39	6.07.08 62
19	8.49.20 04	40	6.02.04 88
20	8.24.20 40	41	5.97.31 74
21	8.01.73 54	42	5.92.86 88
22	7.81.44 90	43	5.88.68 26
23	7.63.05 92	44	5.84.74 02
24	7.46.32 78	45	5.81.02 42
25	7.31.05 46	46	5.77.51 94
26	7.17.07 02	47	5.74.21 12
27	7.04.23 04	48	5.71.08 66
28	6.92.41 16	49	5.68.13 38
29	6.81.50 70	50	5.65 00 00
30	6.71.42 40		

59. L'élévation de l'annuité, à mesure que s'abrège la durée du prêt, ne tient pas à l'élévation de l'intérêt ou de la commission qui restent invariablement fixes, mais à la seule action de l'amortissement, qui s'accroît en raison de la brièveté des engagements.

60. Sous cette réserve, il ressort des tableaux ci-dessus que l'emprunteur au Crédit foncier supporte des charges moindres que celles qui résulteraient de tout autre mode d'emprunt, si l'on tient compte de toutes les charges accessoires qui, dans les contrats ordinaires, aggravent l'intérêt nominal des capitaux.

61. Ces avantages ne disparaissent pas, même en admettant une dépréciation des Obligations à la Bourse, ainsi que le constate le tableau suivant, qui établit le prix de revient réel de l'annuité calculée sur une durée de 46 ans, pour un emprunt en Obligations de 4 % avec lots. L'annuité nominale est de 5 fr. 77 % ; mais, suivant les variations des cours, elle s'élève conformément à l'échelle suivante.

62. MONTANT RÉEL DES ANNUITÉS
Suivant le cours des Obligations.

COUPURES de 500 fr. à 4 °/₀ avec lots au cours de	MONTANT réel de l'annuité (amortissement compris.)	COUPURES de 500 fr. à 4 °/₀ avec lots au cours de	MONTANT réel de l'annuité (amortissement compris.)
497f 50c	5f 80c 42m	447f 50c	6f 45c 27m
495 »	5 83 35	445 »	6 48 90
492 50	5 86 31	442 50	6 52 56
490 »	5 89 31	440 »	6 56 27
487 50	5 92 33	437 50	6 60 02
485 »	5 95 38	435 »	6 63 83
482 50	5 98 46	432 50	6 67 05
480 »	6 01 58	430 »	6 71 53
477 50	6 04 73	427 50	6 75 46
475 »	6 07 92	425 »	6 79 43
472 50	6 11 13	422 50	6 83 45
470 »	6 14 38	420 »	6 87 52
467 50	6 17 67	417 50	6 91 64
465 »	6 20 99	415 »	6 95 80
462 50	6 24 35	412 50	7 00 02
460 »	6 27 74	410 »	7 04 29
457 50	6 31 17	407 50	7 08 61
455 »	6 34 64	405 »	7 12 99
452 50	6 37 15	402 50	7 17 42
450 »	6 41 69	400 »	7 21 90

63. L'emprunteur pouvant rembourser en Obligations, il ne manquera pas, s'il lui plaît de ne pas servir l'annuité jusqu'à la fin, de choisir le moment où les cours seront faibles, comme il arrive toujours de temps à autre, dans une longue période de temps ; dans ce cas, il pourra arriver qu'il ne paye pas les Obligations par lui rachetées plus cher que celles qu'il aura vendues, et il couvrira ainsi la différence qu'il pourrait avoir subie au début de l'opération.

64. Comme du reste le remboursement est facultatif, et que l'annuité seule est obligatoire, le débiteur a moins à se préoccuper du capital nominal qu'il emprunte que de la charge annuelle dont il se grève. Si, relativement au cours du marché des capitaux, cette charge, c'est-à-dire l'annuité, est modérée, peu lui importent les variations des cours qui ne l'atteignent pas.

§ IX.

Assurances.

65. Toutes les propriétés hypothéquées à la Société, qui sont susceptibles de périr par le feu, doivent être assurées contre l'incendie, aux frais de l'emprunteur, à moins que la Société n'ait en même temps pour gage de sa créance d'autres

propriétés, non susceptibles de périr par le feu, qui représentent une valeur double de la somme prêtée. — L'assurance doit être maintenue pendant toute la durée du prêt.

66. La Société peut demander que l'assurance soit faite en son nom et que le montant de la prime annuelle soit acquitté par ses mains. Dans ce cas, l'annuité est augmentée d'autant.

67. L'acte de prêt contient transport de l'indemnité à la Société, en cas de sinistre ; elle touche par suite le montant de l'indemnité jusqu'à concurrence du montant de sa créance, à moins qu'elle ne se désiste de ce droit.

68. Si dans le délai d'un an, à partir du règlement du sinistre, l'emprunteur a fait rétablir l'immeuble dans son état primitif, la Société lui remet la somme qu'elle a reçue pour l'indemnité, déduction faite de ce qui est exigible. A défaut par lui d'avoir usé de cette faculté, dans le délai ci-dessus, l'indemnité est définitivement acquise à la Société et imputée sur sa créance comme remboursement par anticipation.

§ X.

Remboursements anticipés.

69. Les débiteurs du Crédit foncier ont droit

de se libérer par anticipation, soit totalement, soit partiellement.

70. Les remboursements anticipés sont effectués au choix des emprunteurs, soit en numéraire, soit en Obligations de la Société, de la même nature que celles dont la remise est stipulée dans le contrat. La Société les reprend pour leur valeur nominale au pair, quel que soit leur cours à la Bourse.

71. Tout remboursement partiel donne lieu à une réduction proportionnelle dans le chiffre des intérêts et de la somme destinée à l'amortissement. — Les frais d'administration sont eux-mêmes réduits de la quotité correspondant au capital versé par anticipation. — Le remboursement partiel ne comprend d'autres fractions que des centièmes du capital restant dû, sans que la somme remboursée puisse être inférieure au vingtième de ce capital.

72. Les remboursements anticipés donnent lieu, au profit de la Société, à une indemnité payable en numéraire et fixée ainsi qu'il suit :

Dans la 1re	année,	» 1/2 %	du capital remboursé,
2e	—	1	—
3e	—	1 1/2	—
4e	—	2	—
5e	—	2 1/2	—
6e	—	3	—

73. Au delà de la sixième année l'indemnité reste invariablement fixée à 3 % du capital versé par anticipation, juste compensation de la rupture du contrat.

74. De son côté le Crédit foncier ne peut exiger le remboursement du capital prêté que dans les cas suivants :

75. Diminution volontaire ou accidentelle des sûretés stipulées ; — défaut de payement d'un semestre d'annuité, un mois après la mise en demeure ; — défaut de dénonciation dans le délai d'un mois des aliénations totales ou partielles que l'emprunteur a faites, et des détériorations que l'immeuble hypothéqué peut avoir subies ; — dissimulation par l'emprunteur des loyers touchés d'avance, des causes d'hypothèques légales, de résolution ou de rescision qui peuvent grever de son chef les biens hypothéqués à la Société ; — cessation ou défaut de renouvellement de l'assurance ; — destruction de l'immeuble par l'incendie, non suivie du rétablissement dans le même état et dans le délai d'un an.

76. Mais les remboursements anticipés qui proviennent de sinistres ne donnent pas lieu à l'indemnité au profit du Crédit foncier (*V.* n° 68).

DEUXIÈME PARTIE.

LES OBLIGATIONS.

77. En vertu des décrets qui l'ont institué, le CRÉDIT FONCIER crée et émet des titres appelés *Obligations foncières* ou *Lettres de gage*.

78. Ces titres sont négociés par la Société aux capitalistes, ou bien ils sont remis aux propriétaires en représentation du montant des prêts qui leur sont consentis, afin qu'en les négociant, soit personnellement, soit par l'intermédiaire des agents de change, soit par l'intervention du CRÉDIT FONCIER lui-même, les emprunteurs se procurent les capitaux dont ils ont besoin.

79. La négociation de ces valeurs sera d'autant plus facile et avantageuse qu'elles seront elles-mêmes plus recherchées des capitalistes. Il importe donc d'en apprécier avec soin tous les caractères.

80. On peut dire que parmi les valeurs qui se disputent la faveur publique, il en est peu qui réunissent au même degré les mérites les plus essentiels : solidité de placement, service exact des intérêts, insaisissabilité des titres, facilité de

circulation, certitude de remboursement à l'échéance.

81. Telle est même la confiance dont elles sont jugées dignes, qu'un décret du 28 février 1854 les a désignées pour l'emploi des fonds des communes, des établissements publics, aussi bien que des incapables, concurremment avec les rentes sur l'Etat.

82. On jugera que les Obligations foncières sont destinées à devenir une des formes les plus populaires de la fortune publique et privée, par leur substitution progressive aux titres hypothécaires déjà existants, si l'on compare l'ancien système de placement avec le nouveau.

§ XI.

Vices de l'ancien système de prêts hypothécaires.

83. Les vices du système de prêts hypothécaires, seul pratiqué jusqu'à la création du CRÉDIT FONCIER, sont trop connus pour qu'il y ait à les développer. Une rapide énumération suffira.

Avant le prêt.

84. Impossibilité pour la généralité des prê-

teurs d'apprécier eux-mêmes la capacité de l'emprunteur, la valeur du gage, la régularité des titres de propriété, l'observation des formes; partant nécessité de s'en rapporter à l'appréciation d'un notaire, d'un avocat ou d'un agent d'affaires.

85. Difficulté de découvrir ou impossibilité de purger les hypothèques légales occultes qui grèvent l'immeuble : de là, un danger permanent de les voir se révéler un jour, et frustrer le prêteur de ses garanties hypothécaires.

Pendant la durée du prêt.

86. Inexactitude dans le service des intérêts, par gêne, négligence, mauvaise foi du débiteur. Intermittence forcée par décès, déconfiture, mille accidents. Il résulte de cette irrégularité que des placements faits au taux nominal de 5 % ne rapportent en réalité bien souvent que 4 1/2 et 4 %.

87. Négociation difficile du titre hypothécaire. Avant l'échéance, le créancier a-t-il besoin de rentrer dans tout ou partie de ses fonds, il ne peut facilement et à bon marché se défaire de son contrat. Il doit rechercher et trouver un autre capitaliste qui consente à s'en charger, et le lui céder par un transport coûteux. Sinon, il

voit sa fortune paralysée entre ses mains, ce qui est le cas le plus ordinaire.

A l'échéance du prêt.

88. Remboursement à peu près impossible du capital. En effet, le prêteur est obligé, soit en vue de ses besoins propres, soit par une juste méfiance de la solvabilité indéfinie de l'emprunteur, de stipuler le remboursement dans un délai long pour lui-même, mais court pour son débiteur, trois à cinq ans d'ordinaire. Et cependant, à moins de ressources exceptionnelles, telles qu'un héritage, une dot reçue, une donation, l'emprunteur ne peut, au bout de cette période, avoir payé les intérêts et récupéré le capital qu'il a immobilisé pour longues années en constructions, en améliorations foncières, en acquisitions. Plus les exigences de la situation générale rendraient le remboursement désirable au créancier, plus il est difficile pour le débiteur.

89. Le créancier se décide-t-il à recourir à la mesure extrême, toujours pénible et le plus souvent vue avec défaveur, d'une poursuite en expropriation, il doit s'engager dans les lenteurs, les dangers et les frais d'une procédure, compliquée d'une multitude d'incidents et de nullités.

90. Parvient-il heureusement à l'adjudication,

il court risque de n'être pas colloqué en rang utile dans l'ordre : soit que l'immeuble n'ait pas atteint aux enchères sa véritable valeur, soit que lui-même l'eût apprécié trop haut, soit que les hypothèques antérieures, inscrites ou non inscrites, jointes aux frais, absorbent tout le prix, sa créance peut se trouver perdue en tout ou en partie.

91. Même muni d'un bordereau de collocation, il n'arrivera pas sans longueurs à toucher son argent.

92. Et pour atteindre ce résultat, combien de faux frais à avancer, de temps à perdre, d'ennuis à subir, combien de récriminations et quelquefois de menaces à braver !

93. Et cependant, telle est la confiance universelle dans le gage foncier que des milliards de prêts hypothécaires, legs d'un long passé, grèvent encore aujourd'hui la propriété, et que tous les ans de nouveaux prêts s'inscrivent, pour plusieurs centaines de millions, dans les registres des bureaux des hypothèques.

94. Toutefois un mouvement contraire se manifeste et va croissant. L'hypothèque perd tous les jours, quoique lentement, de son prestige et de son terrain. Dans la généralité de la France, surtout dans les contrées les plus avancées en

civilisation, les capitaux tendent à déserter les études des notaires pour se porter sur les fonds publics, les valeurs industrielles et commerciales. Là, sans doute, de nouveaux et non moins dangereux écueils les attendent; mais ces écueils, jusqu'au jour de la crise, sont masqués par la facile circulation des titres et le payement exact des intérêts : double avantage, qui, en un temps comme le nôtre, d'infatigable activité dans les entreprises et de mobilité dans les positions, est la condition la plus appréciée de la richesse.

95. Allier la solidité et l'authenticité du titre hypothécaire à la simplicité de formes et à la mobilité du titre commercial et de la rente, tel est le problème depuis longtemps recherché par le capital et la propriété, étudié par les économistes, abordé de front par le décret du 28 février 1852, problème que la Société du CRÉDIT FONCIER a résolu par l'émission des *Obligations foncières* ou *Lettres de gage*.

§ XII.

Avantages des Obligations foncières.

96. Comme les prêts hypothécaires ordinaires, les Obligations foncières ont pour gage le sol;

elles sont la représentation, et en quelque sorte le dédoublement de contrats hypothécaires, qui sont intervenus dans la forme habituelle entre la Société du Crédit foncier et les emprunteurs, contrats authentiques et notariés, qui confèrent les hypothèques, principales garanties des Obligations foncières.

97. On a vu (nos 31 et suiv.) que par une condition propre au Crédit foncier, et hors de laquelle il ne prête pas, sauf exception légale, la garantie qu'il demande doit toujours être une première hypothèque, et les biens qu'elle frappe représenter une valeur double au moins de la somme prêtée, triple même s'il s'agit de vignes, bois et autres propriétés plantées. Comme il n'est pas de crise politique ou commerciale qui déprécie à ce point les immeubles, la créance ne peut être jamais compromise, surtout si l'on considère que par le payement successif des annuités la dette diminue, et peut se trouver réduite à un chiffre très-faible, tandis que l'hypothèque reste intacte.

98. Les plaintes portées contre les exigences du Crédit foncier, en fait de titres de propriété, le grand nombre de demandes écartées pour insuffisance et irrégularité de justifications, établiraient au besoin la solidité des prêts consentis.

99. Considérée sous le rapport du revenu, l'Obligation foncière, comme la rente sur l'Etat, rapporte un intérêt payable et payé à jour fixe par MM. les receveurs des finances, sans difficultés ni retard, deux fois par an. Au lieu d'être, comme le billet de banque, une valeur improductive en portefeuille, chaque jour lui donne une plus-value.

100. Comme la rente et les valeurs mobilières, l'Obligation foncière peut toujours être négociée, sans frais ou à peu de frais. Le titre est-il au porteur, il se transmet par la simple remise, de la main à la main. Est-il nominatif, il se transmet par simple endossement, sans garantie. La circulation en est donc aussi facile et aussi peu coûteuse que celle des contrats hypothécaires est difficile et onéreuse.

101. Comme la rente sur l'Etat, l'Obligation foncière est exempte de l'impôt établi par la loi du 23 juin 1857 sur les valeurs mobilières.

102. Comme la rente et les meilleures valeurs mobilières, elle est admise au bénéfice des avances sur dépôt consenties par la Banque de France à Paris et dans les succursales. Ces avances peuvent être faites par la Société elle-même (Art. 4 de ses Statuts).

103. Mais, à la différence de la rente et à l'ins-

tar du contrat hypothécaire, le capital de l'Obligation foncière est remboursable. Ce remboursement s'opère par voie de tirage au sort, et le payement se fait chez MM. les receveurs des finances, sans difficulté ni retard. Comme le remboursement a toujours lieu au pair, il assure aux porteurs qui ont acheté les Obligations foncières au-dessous du pair une prime qui s'ajoute aux autres avantages.

104. Enfin, par une faveur que ne possèdent ni la rente, ni le contrat hypothécaire, ni la généralité des valeurs industrielles et commerciales, à l'une des catégories d'Obligations sont attachés des lots qui ouvrent tous les trois mois la perspective de gains fort élevés.

105. Tous les avantages recherchés par les capitalistes se trouvent donc réunis dans l'Obligation foncière. Solidité du placement, disponibilité constante du capital, service exact des intérêts, remboursement certain, éventualité de gains élevés, insaisissabilité des titres. En même temps, plus d'embarras ni de soucis personnels. La Société se charge de vérifier les titres, d'apprécier et de surveiller le gage, de rédiger le contrat, de payer les intérêts et de rembourser le capital : le porteur d'Obligations n'a affaire qu'à la Société.

§ XIII.

Deux espèces d'Obligations foncières.

106. Les Obligations émises par le CRÉDIT FONCIER sont de deux sortes : les unes sans lots, au capital de 500 francs, rapportant 5 °/₀ d'intérêt ; les autres avec lots, au capital nominal de 1,000 francs, divisées en deux coupures de 500 francs, ou en dix coupures de 100 francs, rapportant 4 °/₀ d'intérêt, plus la chance des lots.

107. Les unes et les autres sont extraites d'un registre à souche, signées par un des administrateurs, visées par le gouverneur, frappées du timbre de la Société et de celui de l'Etat, enfin enregistrées : autant de formalités qui leur donnent un caractère pour ainsi dire authentique.

1. *Obligations sans lots.*

108. Cette valeur est principalement destinée aux personnes qui préfèrent l'élévation du revenu aux chances d'un gain même considérable. — Elle convient spécialement pour les placements de fonds appartenant aux communes, aux établissements publics, et aux incapables.

109. Ses formes et ses conditions sont exac-

tement reproduites dans le tableau suivant :

CRÉDIT FONCIER DE FRANCE.

LETTRE DE GAGE

DE

CINQ CENTS FRANCS

AU PORTEUR.

TIMBRE
de
L'ÉTAT.

Intérêt, 25 fr. | N°

Création du 1er novembre 1856.

Obligation remboursable au pair, en cinquante années au plus tard, par voie de tirage au sort, donnant droit à un intérêt de 5 p. 0/0 l'an, payable le 1er mai et le 1er novembre.

Paris, le 1er novembre 1856.

Le Caissier des titres, | *L'Administrateur,*

Vu par *le Gouverneur,*

Enregistré à Paris, le 18 N
Reçu

Les obligations foncières ont pour gage :
1° Des prêts garantis par première hypothèque sur des immeubles d'une valeur double au moins de la somme prêtée.
2° Le capital social du Crédit foncier de France.
Elles ne peuvent dépasser le montant des engagements hypothécaires des emprunteurs.

Les obligations sont appelées au remboursement au moyen de tirages au sort, conformément aux prescriptions des Statuts.
Le porteur a la faculté de déposer ses titres dans la caisse de la Société, contre un certificat de dépôt nominatif.

N. B. A ce titre sont joints des coupons pour le payement des intérêts.

110. On voit que ces Obligations rapportent un intérêt de 5 %, soit 25 francs par an, payables par semestre; et sont remboursables au pair, dans un délai de 50 ans, à partir du 1er novembre 1856.

111. On les souscrit soit à Paris, au siége de la Société, soit dans les départements, chez MM. les receveurs généraux et particuliers des finances.

112. Elles sont, au choix du souscripteur, ou nominatives, ou au porteur. Même sous cette dernière forme elles sont négociables par endossement, sans garantie de la part du cédant, et sans autres frais que ceux de la négociation de toute valeur mobilière. Pour cette transmission, l'intervention d'un agent de change n'est pas même nécessaire. Les titres au porteur peuvent être déposés dans la caisse de la Société, en échange d'un récépissé nominatif.

113. Ce titre, à raison de ses avantages, qui rappellent les meilleurs placements hypothécaires, peut devenir l'instrument de la transformation de la dette territoriale. Que les notaires l'offrent à leurs clients en quête de placements; qu'à l'échéance des contrats, ils proposent à l'emprunteur d'acquérir cette nature d'Obligations et en même temps au débiteur d'accepter la Société pour créancière; et, en améliorant la

position de ce dernier, ils auront consolidé aussi celle du premier. Par cette substitution, menée sur une grande échelle, la conversion de la dette hypothécaire sera dans peu d'années un fait accompli, sans qu'il en coûte au capitaliste aucune réduction du taux légal et normal de 5 %.

2. *Obligations avec lots.*

114. Ce titre, au capital nominal de 1,000 fr., divisé en coupures de 500 francs et de 100 francs, s'adresse particulièrement aux capitalistes qui veulent concilier un revenu moyen avec l'espérance d'un gain subit.

115. Il est émis pour la réalisation d'un emprunt de 200 millions de francs, remboursable en cinquante ans, autorisé par un décret impérial du 10 décembre 1852. Cet emprunt est divisé en divers titres, dont les plus essentiels à connaître sont ceux dont les deux tableaux suivants représentent exactement la forme et résument les conditions.

115. **Demi-obligation foncière de 500 fr. à 4 %.**

CRÉDIT FONCIER DE FRANCE.

500 FRANCS.

Obligation foncière au porteur.

TIMBRE DE L'ÉTAT.

N°

COUPURE DE
cinq cents francs.

N°

Le montant des obligations foncières ne peut dépasser celui des prêts réalisés.
[Art. 14 du décret du 28 fevrier 1852.]

La présente coupure fait partie de l'emprunt des 200 millions émis en 1853.

Elle est remboursable à 500 fr. par voie de tirage au sort, au plus tard en cinquante années, à partir du 1er mai 1854.

Elle donne droit à un revenu annuel de 20 fr., payable par semestre, les 1er mai et 1er novembre et à quatre tirages de lots par an, conformément au tableau d'autre part, dans la proportion de la *moitié du lot* attribué à l'obligation entière de 1,000 francs.

L'Administrateur,

Enregistré à Paris, le 185 . ***Le Caissier des titres.***

N°______

Vu par *le Gouverneur,*

Reçu onze centimes, décime compris.

CRÉDIT FONCIER DE FRANCE. *Obligation N°* Coupon de 10 fr. échéant le 1er mai 1858.			

117.

CRÉDIT FONCIER DE FRANCE.

LETTRE DE GAGE

DE

CENT FRANCS 4 % AU PORTEUR.

TIMBRE de L'ÉTAT.

Intérêt : 4 fr.

COUPURE.

N°

Obligation remboursable au pair, en cinquante années au plus tard, à partir du 1er mai 1854, par voie de tirage au sort, donnant droit à un intérêt de 4 % l'an, payable par semestre, le 1er mai et le 1er novembre, et participant pour un dixième au tirage trimestriel des lots désignés au tableau ci-dessous.

Paris, le 1er novembre 1856.

Le Caissier des titres,

Vu par *le Gouverneur,*

L'Administrateur,

Enregistré à Paris, le

Reçu

Suit le tableau des lots (V. n° 126).

118. On voit que ces Obligations rapportent

un intérêt de 4 % payable par semestre ; — donnent droit à des lots ; — et sont remboursables à 500 francs ou à 100 francs, en cinquante ans au plus tard, à partir du 1er mai 1854.

119. Ces Obligations sont au porteur, cotées à la Bourse, et par conséquent susceptibles de tradition manuelle ou de circulation rapide et économique, par l'intermédiaire des agents de change.

120. De même que les titres au porteur des Obligations sans lots, ceux-ci peuvent être déposés dans la caisse de la Société, en échange d'un récépissé nominatif, ce qui répond aux scrupules de la prévoyance la plus sévère.

121. L'administration centrale et MM. les receveurs généraux et particuliers des finances reçoivent pour l'achat de ces Obligations des ordres, qui sont exécutés par leurs soins, sans autres frais que ceux de négociation à la Bourse.

§ XIV.

Intérêts.

122. L'intérêt de toutes les Obligations est payable deux fois par an (le 1er mai et le 1er novembre),

soit à Paris au siége de la Société, soit dans les recettes générales et particulières des finances dans les départements.

123. Le payement des intérêts se constate par le détachement des coupons.

§ XV.

Lots.

124. Les lots, attachés aux titres de 500 francs et de 100 francs, à 4 % d'intérêt, comprennent tous les ans une somme de 800,000 francs, ce qui pour les quarante-six années restant à courir sur la période de l'emprunt des 200 millions, représente une somme totale de 36 millions.

125. Les sommes annuelles sont divisées en quatre tirages, qui ont lieu tous les trois mois, à l'hôtel du Crédit foncier, avec la plus grande publicité, par le Conseil d'administration, sous la présidence du gouverneur et en présence des censeurs.

126. La composition des lots est établie ainsi qu'il suit, pour chaque année.

Tirages des 22 mars, 22 juin et 22 septembre.

Le 1er numéro sortant gagne........	100,000 fr.	
Le 2e................	50,000	
Le 3e................	20,000	
Total des lots pour chacun des trois premiers trimestres..............	170,000	
Total pour les trois trimestres..............		510,000 fr.

Tirage du 22 décembre.

Le 1er numéro sortant gagne........	100,000 fr.	
Le 2e................	50,000	
Le 3e................	40,000	
Le 4e................	30,000	
Le 5e................	20,000	
Le 6e................	10,000	
Et les huit numéros suivants chacun 5,000 fr., ci.	40,000	
Total des lots pour le quatrième trimestre....		290,000 fr.
Total des lots pour chaque année..............		800,000 fr.

127. Les 200,000 Obligations de 1,000 francs, représentant l'emprunt de 200 millions, ont été au début renfermées et mêlées dans une grande roue scellée publiquement. A chaque séance trimestrielle la roue, après vérification des scellés, est publiquement ouverte et le tirage a lieu aussi publiquement.

128. La liste des numéros sortis est affichée immédiatement et publiée au plus tard dans la huitaine (d'ordinaire c'est le lendemain) dans les journaux judiciaires, la *Gazette des Tribunaux* et *le Droit*, et reproduite par la plupart des journaux de Paris et des départements.

129. Les lots gagnés sont payés, à partir des 1er mai, 1er août, 1er novembre, 1er février : cinq semaines seulement après chaque tirage, afin de laisser à tous les prétendants le temps de se faire connaître.

130. Le lot entier appartenant à l'Obligation-type de 1,000 francs se partage par moitié entre les deux coupures de 500 francs, et par dixième entre les dix coupures de 100 francs. Ainsi celui qui veut accroître l'importance du lot à gagner doit acquérir les coupures du même numéro; celui qui veut multiplier ses chances de gain doit acquérir des coupures de numéros différents.

131. A deux tirages trimestriels (22 juin et 22 décembre) il n'est extrait de la roue qu'un nombre de numéros égal au nombre des lots à gagner; aux deux autres tirages (22 mars et 22 septembre) il est tiré, en outre, un certain nombre de numéros appelés au remboursement.

§ XVI.

Remboursements.

132. Le Crédit foncier, au fur et à mesure de la libération de ses débiteurs envers lui, se libère à son tour envers ses créanciers, c'est-à-dire envers ses porteurs d'Obligations, afin qu'il y ait toujours une exacte balance entre ses dettes et ses créances, entre les engagements qu'il a contractés, et ceux qu'on a souscrits envers lui. Telle est la cause des tirages pour le remboursement qui ont lieu, deux fois par an, ainsi que nous venons de le dire.

133. La proportion du remboursement ne pouvant être déterminée d'avance, car elle dépend des sommes qui sont rentrées par voie d'amortissement, le compte d'amortissement est relevé préalablement à chaque tirage semestriel. Il constate la part de remboursement afférant à

chacune des deux catégories d'Obligations (sans lots, avec lots), et le nombre de titres qui, dans chacune d'elles, pourra être remboursé.

134. De même que pour le tirage des lots, dans la huitaine de l'opération au plus tard (et d'ordinaire le lendemain), les numéros appelés au remboursement sont publiés dans les journaux judiciaires, et bientôt après reproduits par les journaux politiques et industriels.

135. Le payement des Obligations se fait à partir du premier jour du deuxième mois qui suit le tirage, c'est-à-dire du 1er mai et du 1er novembre.

136. Les Obligations remboursées sont annulées et retirées de la circulation. Ainsi les emprunts du Crédit foncier seront éteints au terme de la période pour laquelle ils sont autorisés, c'est-à-dire au bout de cinquante ans dans l'origine, actuellement au bout de quarante-six et de quarante-huit ans. Il n'est pas hors de propos de remarquer que la plupart des Obligations du même genre, qui sont cotées à la Bourse, ne sont remboursables qu'au bout de quatre-vingt-dix-neuf ans. Cette différence accroît déjà singulièrement au profit des porteurs d'Obligations foncières les chances de remboursement avec celle de la prime quand l'achat a eu lieu au-dessous du pair.

137. De plus le nombre de titres prenant part au tirage diminue progressivement par l'effet des remboursements semestriels, tandis que le nombre des lots reste toujours le même jusqu'au dernier tirage. Les numéros restant dans la roue acquièrent donc nécessairement une valeur croissante qui compense le retard du remboursement.

138. C'est ici le cas de rappeler que les emprunteurs peuvent effectuer les remboursements anticipés en Obligations que la Société reçoit toujours au pair nominal. Dans ce cas il n'y a pas lieu à tirage correspondant ; le titre rapporté appartient à la Société, et peut être employé à un nouveau prêt.

§ XVII.

Garanties matérielles et morales.

139. Après cet exposé du mécanisme, il ne nous reste qu'à énumérer les garanties matérielles et morales qui recommandent les Obligations foncières. Ce sont :

140. *a. La valeur intrinsèque du gage.* — Nous avons dit qu'il doit être au moins double de la

somme prêtée, et triple s'il s'agit de bois ou de vignes. Pour l'apprécier, l'administration du Crédit foncier consulte les actes de vente, les baux à ferme, tous les documents de l'administration des finances sur la valeur, le revenu et l'impôt des immeubles : en un mot, tous les éléments d'une appréciation exacte. Au besoin, elle recourt à des hommes spéciaux, dont le rapport, toujours confidentiel, pour qu'il soit plus libre, subit une révision approfondie à l'administration centrale. Devant ce concours d'enquêtes, toute exagération de la part de l'emprunteur est immédiatement découverte, et, si elle accuse de la mauvaise foi, le prêt n'est pas autorisé. S'il y a bonne foi, mais erreur, le prêt est réduit aux proportions que comporte l'estimation ainsi révisée de l'immeuble. L'assurance des immeubles, susceptibles de périr par cause accidentelle, garantit la permanence de leur valeur.

141. A mesure que les payements semestriels de l'annuité réduisent la dette, la garantie de l'hypothèque du Crédit foncier qui reste intacte, et qui est dispensée du renouvellement décennal, s'accroît relativement. La masse des Obligations foncières se trouve donc par là toujours surabondamment garantie par la masse des fermes, des champs, des vignes, des bois, des maisons, etc..., hypothéqués à la Société. — Il faudrait, en effet, pour qu'elles fussent compromises, que tous les gages hypothécaires eussent subi une dépréciation prolongée de moitié ou des deux tiers, suivant les cas, et même de beaucoup plus, car il y a toujours une partie des emprunts éteints par le payement des annuités, et par les remboursements; que la source des revenus territoriaux fût tarie, etc.; toutes choses impossibles, même dans les hypothèses les plus sinistres. Quelque crise que l'on veuille supposer, toutes les autres valeurs auront subi, dans leur capital et dans leurs revenus, une plus forte dépréciation que le sol, la plus immuable de toutes, celle dont le temps accroît au contraire la valeur.

142. *b. Le revenu de la propriété.* — La valeur capitale ne suffit pas : il faut que le revenu net couvre l'annuité. Par cette précaution, il suffirait à la Société, en cas d'inexactitude du payement des intérêts, de mettre le gage en séquestre, c'est-à-dire sous sa propre gestion ; l'annuité pourrait continuer de se percevoir, et l'expropriation serait évitée, ce qui laisserait au débiteur le temps de s'acquitter.

143. *c. L'insaisissabilité.* — D'après le décret constitutif,[1] aucune opposition n'est admise

contre le payement des intérêts ni contre le remboursement du capital, si ce n'est en cas de perte, et de la part du propriétaire. Ainsi l'Obligation foncière participe au privilége le plus précieux des rentes sur l'État.

144. *d. L'authenticité*, qui résulte de la signature d'un administrateur, du visa du gouverneur, du timbre et de l'enregistrement.

145. *e. Le fonds social*, souscrit à concurrence de 30 millions, représentés par 60,000 actions de 500 francs, et qui doit être toujours porté au vingtième des prêts réalisés. Ce fonds social est spécialement destiné à couvrir les irrégularités accidentelles dans le payement des annuités, et à répondre à toutes les demandes qui pourraient être dirigées contre la Société.

146. *f.* La *dotation* de 10 millions, accordée par le gouvernement à la Société, à titre d'indemnité et d'encouragement.

147. *g. Le privilége de la purge des hypothèques occultes*, qui protége le Crédit foncier contre le plus dangereux écueil des prêts hypothécaires (Voir n° 35).

148. *h. Le privilége d'une procédure spéciale pour les poursuites.* — Elle abrége les lenteurs, simplifie les formes, et facilite à la Société le recou-

vrement certain et prompt de toutes ses avances, avec intérêts et frais.

149. *i. L'expérience spéciale* de ce genre d'opérations, qui s'acquiert par le maniement d'un nombre considérable d'affaires, dans toutes les variétés possibles de circonstances, sur une étendue de territoire qui s'étend à la France entière.

150. *j. Une organisation* calquée sur les mêmes bases de direction, d'administration, de surveillance et de publicité, qui assurent, depuis un demi-siècle, la prospérité de la Banque de France.

151. *k.* Enfin, *le haut patronage du gouvernement* qui, après avoir été le promoteur et l'organisateur de l'institution, continue à l'entourer de sa souveraine bienveillance, comme l'attestent les nombreux décrets et règlements rendus en sa faveur, et particulièrement la loi du 6 mai 1858, qui confie au Crédit foncier l'exécution de la loi précédente du 17 juillet 1856 sur le Drainage, bienveillance qu'atteste encore le concours de tous les receveurs généraux et particuliers des finances.

152. Appuyées sur un tel ensemble d'avantages et de garanties, les Obligations foncières jus-

tifient entièrement la confiance que le public leur accorde.

153. L'expérience a déjà prononcé en faveur de ce genre de titres, sous le nom de *Lettres de gage*, en Allemagne, où l'institution du crédit foncier est naturalisée depuis longues années. Dans les temps les plus difficiles, nul titre n'a mieux résisté à la dépréciation générale.

154. En France, où l'institution naissante a dû faire ses débuts à travers une crise commerciale et financière, elle n'a pu dominer pleinement les influences extérieures ; et cependant, elle a été grandissant d'année en année. Si l'institution eût été pleinement fondée avant la crise, elle eût donné la vraie mesure de sa puissance. Plus jeune, elle a dû lutter contre de plus rudes épreuves ; mais elle a traversé les temps les plus difficiles, et sa vitalité est désormais hors de doute.

155. Les capitalistes peuvent donc adopter ces valeurs en toute confiance, soit des mains du Crédit foncier, soit des mains des propriétaires emprunteurs à qui il les remet, en réalisation des prêts. Il n'en est aucune, comme nous le disions en commençant, qui réunisse au même degré les qualités les plus essentielles : solidité de placement, service exact des intérêts, insai-

sissabilité des titres, facilité de circulation, certitude de remboursement à l'échéance, éventualité de gains considérables.

156. Le tableau suivant établit à quel taux se font les placements, suivant le cours des Obligations foncières. La valeur des lots reste en dehors de ce calcul.

(Voir le tableau à la page suivante).

TROISIÈME PARTIE.

LES DÉPOTS DE CAPITAUX.

157. En vertu de l'article 2 de ses statuts (¹) la Compagnie reçoit des capitaux en dépôt avec intérêt.

(¹) ARTICLE 2. La Société est autorisée à recevoir avec ou sans intérêts des capitaux en dépôt.

Ces capitaux pourront être employés, jusqu'à concurrence du cinquième de leur montant, à faire, suivant des conditions délibérées en Conseil d'administration et pour un terme qui n'excédera pas 90 jours, des avances sur les Obligations émises par la Société.

Le surplus sera intégralement versé au Trésor, en compte-courant, au taux d'intérêt qui sera fixé par le Ministre des finances.

Les sommes que la Société pourra ainsi recevoir en dépôt ne pourront dépasser le chiffre déterminé par le Ministre.

COURS des OBLIGATIONS.	INTÉRÊT °/₀.	PRIME de remboursement résultant de la différence entre le cours et le pair.
500. »	4. »	0. »
495. »	4.04	5. »
490. »	4.08	10. »
485. »	4.12	15. »
480. »	4.17	20. »
475. »	4.21	25. »
470. »	4.25	30. »
465. »	4.30	35. »
460. »	4.35	40. »
455. »	4.40	45. »
450. »	4.44	50. »
445. »	4.49	55. »
440. »	4.55	60. »
435. »	4.60	65. »
430. »	4.65	70. »
425. »	4.70	75. »
420. »	4.76	80. »
415. »	4.82	85. »
410. »	4.88	90. »
405. »	4.94	95. »
400. »	5. »	100. »

§ XVIII.

Conditions des dépôts.

158. Les dépôts peuvent être effectués, soit en numéraire, soit en coupons ou arrérages de rentes sur l'État, d'actions et d'obligations de chemins de fer, ou de toutes autres valeurs négociées à la Bourse, et payables à Paris.

159. Les déposants reçoivent, à leur choix, des *Bons* de caisse à ordre, ou un *Carnet* de compte courant.

160. L'intérêt alloué aux sommes déposées est fixé par semestre : il est de 3 % pour le premier semestre de 1858.

161. Cet intérêt court, pour les versements en numéraire, du surlendemain du jour du dépôt ; et pour les valeurs à encaisser, du cinquième jour après l'encaissement.

162. Les titulaires des comptes courants disposent des sommes dont ils sont créditeurs, soit par des *Chèques* on reçus payables au porteur, soit par des *Bons de virement* en faveur des autres titulaires de carnets.

163. Les *Bons* de caisse et les *Chèques* sont payables à trois jours de vue. Néanmoins, quand l'escompte est demandé, la caisse les rembourse

à présentation s'ils n'excèdent pas vingt mille francs, et le lendemain du visa, si les sommes sont plus élevées. La formule : *escompte demandé*, doit être écrite et signée par le titulaire du carnet, sur le reçu par lui délivré.

164. Les comptes courants sont débités des *Bons de virement* émis valeur du jour de leur délivrance, et crédités de ceux délivrés à leur profit, valeur du jour de la présentation.

165. Les comptes courants sont réglés aux 30 juin et 31 décembre de chaque année. Le Crédit foncier a le droit d'y mettre fin à toute époque ou d'en modifier les conditions.

QUATRIÈME PARTIE.

LE DRAINAGE.

166. Une loi du 17 juillet 1856 affecte, sur les fonds du budget, la somme de cent millions pour faciliter les opérations de drainage. — Par une seconde loi du 6 mai 1858 le gouvernement n'a conservé que la direction de la partie politique et administrative de l'opération ; et il a confié au Crédit foncier l'exécution de la partie financière et contentieuse. En conséquence le Crédit

FONCIER reste chargé de faire les prêts, et il est autorisé à se procurer les capitaux nécessaires, au moyen d'Obligations spéciales appelées *Obligations de drainage.*

§ XIX.

Prêts pour drainage.

167. Par suite de ce partage d'attributions, les demandes d'emprunt pour drainage doivent être adressées au Ministre de l'agriculture, qui examine l'utilité de l'entreprise projetée, et décide entre diverses demandes, en consultant l'intérêt général. La préférence est accordée aux projets dont la réalisation est de nature à favoriser la propagande de cette pratique agricole, en mettant sous les yeux des agriculteurs de diverses régions de la France les meilleurs spécimens de drainage.

168. Les demandes que le Ministre de l'agriculture transmet au CRÉDIT FONCIER sont alors soumises à une étude spéciale sous le rapport des garanties offertes.

169. Si la Société les juge suffisantes, le Ministre de l'agriculture autorise les prêts.

170. Ils sont faits par acte notarié, par l'en-

tremise, sous la responsabilité, aux risques et périls du Crédit foncier.

171. Ils sont réalisés en espèces, non en Obligations foncières. Le montant doit en être entièrement et exclusivement consacré au drainage.

172. Les prêts effectués pour drainage sont remboursables en vingt-cinq années par annuités comprenant l'intérêt calculé à 4 % et l'amortissement du capital. — La commission de 45 centimes pour 100 francs de capital prêté, allouée au Crédit foncier par la loi du 6 mai 1858 pour ce genre d'opérations, est supportée par l'Etat, non par les emprunteurs.

173. Le débiteur a toujours le droit de se libérer, par anticipation, soit en totalité, soit en partie.

174. Le recouvrement des annuités a lieu de la même manière que celui des contributions directes, c'est-à-dire par l'intermédiaire des percepteurs.

175. Pour le payement de l'annuité échue et de l'annuité courante, la Société a, sur les récoltes ou revenus des terrains drainés, un privilége qui prend rang immédiatement après celui des contributions directes, et celui des créances résultant de prêt de semences ou de frais de récoltes

176. Le Crédit foncier a, en outre, pour le recouvrement du capital, s'il y a lieu, un privilége qui prend rang avant tout autre sur les terrains drainés et particulièrement sur la plus-value qui résulte du drainage.

177. Il est dressé, préalablement à l'acte de prêt, un procès-verbal qui constate l'état de chacun des terrains à drainer, en détermine le périmètre, et en estime la valeur d'après les produits.

178. Dans le mois qui suit la signature de l'acte, la Société prend inscription pour la conservation de son privilége.

179. Elle peut, en outre, exiger une hypothèque, si elle reconnaît la nécessité de ce supplément de garantie. Dans ce cas, son droit de commission est réduit à 35 centimes pour 100 fr.; mais toujours à la charge de l'État. — Cette hypothèque n'est pas nécessairement une première hypothèque, comme dans les autres prêts du Crédit foncier.

180. Les droits et immunités accordés à la Société par le décret du 28 février 1852 et par la loi du 10 juin 1853, sont étendus aux prêts pour drainage. Les principaux sont :

Le privilége de la purge légale ; — la dispense de renouvellement décennal des inscriptions ;

— en cas de non-payement, une procédure spéciale pour les poursuites.

§ XX.

Obligations de drainage.

181. Le Crédit foncier est autorisé à contracter des emprunts successifs, sous forme d'Obligations dites *Obligations de drainage*, qui peuvent être émises même au dessous du pair, et qui seront remboursables au pair.

182. Elles sont émises avec la garantie de l'État.

183. Elles ont lieu successivement jusqu'à concurrence de la somme nécessaire pour produire un capital de 100 millions, qui sera exclusivement consacré aux opérations de drainage.

184. L'émission des Obligations est faite en vertu d'une autorisation du Ministre de l'agriculture, du commerce et des travaux publics, et du Ministre des finances, qui déterminent chaque année l'importance et l'époque de l'émission, le taux et les autres conditions des négociations.

185. Elles sont remboursables dans un délai de vingt-cinq ans au plus, à partir de la création des titres.

186. Chaque année, le nombre des Obligations à rembourser sera déterminé par le Ministre des finances qui pourra, s'il le juge convenable, accélérer la marche régulière de l'amortissement en raison des remboursements effectués par les emprunteurs.

187. Le Trésor public supporte la différence qui existe entre le taux de 4 pour 100 payé au Crédit foncier par les emprunteurs, et celui qu'il payera lui-même aux capitalistes qui prendront ses Obligations, c'est-à-dire entre le pair et le taux de la négociation au-dessous du pair. Ainsi, toutes compensations faites, le solde des pertes qu'il aura fallu encourir pour se procurer le capital destiné à l'agriculture, en vue du drainage, sera supporté par l'État ; c'est sa part d'encouragement et de concours financier à l'opération.

188. Si, après la négociation de ses Obligations, la Société n'a pu les appliquer immédiatement aux prêts de drainage, le Trésor lui fera raison de l'intérêt qu'elle-même sera obligée de servir aux porteurs de ses Obligations.

189. Pour l'exécution de ces règles, les fonds provenant, soit de la négociation des Obligations, soit du payement des annuités et des intérêts dus pour cause de retard, soit enfin des rembourse-

ments anticipés, seront déposés en compte courant au Trésor.

190. Nous rappelons enfin que c'est l'État qui paye au CRÉDIT FONCIER la commission destinée à couvrir, tant les frais d'accomplissement que les risques de cette nature d'opérations : soit par an 45 centimes pour 100 francs de capital prêté, si la Société se contente du privilége sur la plus-value, soit 55 centimes seulement, si elle réclame une hypothèque, comme garantie supplémentaire.

191. De l'exposé de ces diverses mesures doit résulter la conviction que les *Obligations de drainage*, en sus de la garantie de l'État, trouvent un second titre à la confiance publique dans les conditions avantageuses stipulées en faveur du CRÉDIT FONCIER : juste récompense de la mission qu'il a acceptée de remplacer le gouvernement dans l'exécution d'une loi éminemment favorable aux intérêts de l'agriculture française.

192. Ainsi ces valeurs nouvelles, loin d'amoindrir la situation déjà conquise par les autres valeurs du CRÉDIT FONCIER, la consolident, en ouvrant à l'institution de nouvelles sources de prospérité.

FIN.

TABLE.

Ie PARTIE. — PRÊTS.

IIe PARTIE. — OBLIGATIONS FONCIÈRES.

IIIe PARTIE. — DÉPOTS DE CAPITAUX.

IVe PARTIE. — DRAINAGE.

LIBRAIRIE INTERNATIONALE

DE L'AGRICULTURE ET DE LA COLONISATION

RUE DE RICHELIEU, 110.

DUVAL (Jules). **TABLEAU DE L'ALGÉRIE.** — Manuel descriptif et statistique de la colonie; 1 vol. in-18 compacte de 500 pages, avec carte coloriée, contenant la matière de 2 vol. Prix : 2 fr. 50

— **CATALOGUE** explicatif et raisonné des produits algériens; 1 vol. in-8 de 208 pages. Prix : 3 fr.

— **CARTE** topographique de la Colonisation de l'Algérie; 1 feuille coloriée. Prix : 1 fr.

Publications périodiques.

LE MONITEUR DE LA COLONISATION. — *Journal de l'Algérie, Organe des intérêts coloniaux dans les deux mondes*, publié par MM. GARBÉ et Jules DUVAL; paraît le mercredi de chaque semaine. — Troisième année.

Prix de l'abonnement : *un franc* par mois.

ANNALES DE LA COLONISATION ALGÉRIENNE. — Bulletin mensuel de colonisation française et étrangère, publié sous la direction de M. Hippolyte PEUT, et paraissant le 1er de chaque mois. — Septième année.

Un an, 14 fr. — Six mois, 8 fr.

TYP. HENNUYER, RUE DU BOULEVARD, 7. BATIGNOLLES.
Boulevard extérieur de Paris.

www.ingramcontent.com/pod-product-compliance
Ingram Content Group UK Ltd.
Pitfield, Milton Keynes, MK11 3LW, UK
UKHW020954180726
13838UKWH00003B/1325